AF314252

HOMELIE V.

POUR LE SIXIÈME

DIMANCHE

D'APRÉS LA PENTECÔTE,

SUR

LA PENITENCE DE DAVID.

Par M. le Curé de S. Sulpice de Paris.

SECONDE EDITION.

A PARIS,

Chez RAYMOND MAZIERES, ruë S. Jacques, prés la ruë
du Plàtre, à la Providence.

M. DCCVII.

AVEC APPROBATION ET PRIVILEGE DU ROY.

HOMELIE CINQUIE'ME

SUR LA

PENITENCE DE DAVID.

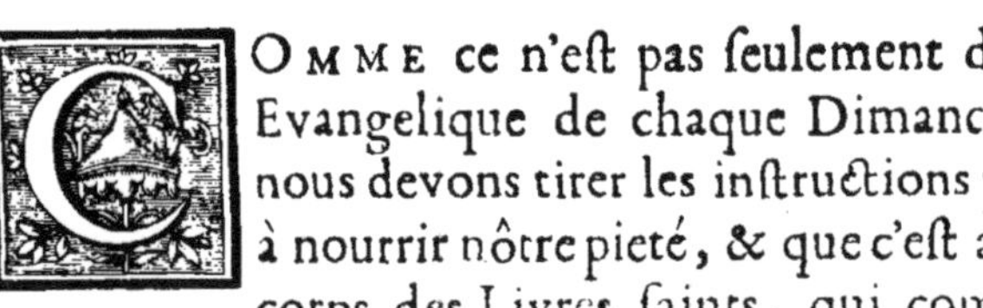

C OMME ce n'eſt pas ſeulement du texte Evangelique de chaque Dimanche que nous devons tirer les inſtructions propres à nourrir nôtre pieté, & que c'eſt auſſi du corps des Livres ſaints, qui compoſent l'Office divin : je croy que vous ayant déja expliqué une fois l'Evangile de ce jour, mes tres-chers freres, nous ne pouvons méditer rien de plus utile que ce que nous recitâmes hier dans nôtre même Office, je veux dire la chûte & la penitence du plus illuſtre Roy qui jamais ait tenu le ſceptre d'Iſraël : nous ſuivrons même en cela le grand S. Chryſoſtome, qui laiſſant une fois l'Homelie qu'il avoit commencé d'expliquer à ſon peuple, s'étendit ſur ce ſujet, parce que dans ce moment cet évenement celebre luy frappa l'eſprit.

X ij

Pour moy, quand je lis la vocation de ce grand Prince
à la couronne ; son onction sacrée par le Prophete Sa-
muël ; ses victoires sur le redoutable geant & les autres
terribles ennemis du peuple de Dieu ; les persecutions
qu'il endura ; sa fuite dans les deserts ; le pardon genereux qu'il accorda à ses ennemis tombez entre ses
mains ; son regne glorieux en Jerusalem ; les Pseaumes
& les Cantiques spirituels & prophetiques qu'il com-
posa ; le dessein religieux qu'il conçût de bâtir le premier Temple qu'on ait peut-être jamais élevé sur la
terre au vrai Dieu; les trésors immenses de pierres pré-
cieuses, d'or, d'argent, d'airain, de bois de cedre, &
d'un nombre infini de richesses qu'il amassa pour ce
somptueux édifice ; les promesses magnifiques que Na-
tan luy fit de la part du Seigneur, sur tout de devenir
le pere de celui qui devoit être le Redempteur du genre humain, & porter le nom de fils de David : je suis
comme ravi de joye & de consolation, & je me pro-
mets le plus florissant regne qui fut jamais : mais
quand je vois aujourd'huy ce Prince, ce Prophete, cet
homme selon le cœur de Dieu, tomber dans l'adultere
& dans l'homicide,& que je profere ces paroles en son
nom : *Obsecro, Domine, aufer iniquitatem meam, quia insi-*
pienter egi : Seigneur, pardonnez-moy mes crimes, parce
que j'ay agy en insensé : que je le vois sous le cilice &
sous la cendre prosterné contre terre, tout attenué par
le jeûne, tout baigné dans ses larmes & accablé d'une
inexplicable tristesse : je suis saisi d'effroy : *Deprecatus-*
que est David Dominum, & jejunavit David jejunio, &
ingressus seorsum jacuit super terram. Mais ne nous laissons
pas prévenir de cette pensée, qu'il ne faut pas s'occu-

per des fautes que les Saints ont commifes, & que
nôtre refpect pour eux doit nous impofer filence là-
deffus : puifqu'au contraire, dit faint Ambroife, leur
vie nous étant propofée comme un tableau à étudier,
non feulement leurs lumieres, mais leurs ombres mêmes n'en doivent pas être bannies. Car fi nous n'y re-
marquions ni aucun défaut, ni aucune fauffe démar-
che parmy tant de pierres d'achoppement & de fcan-
dale qui fe rencontrent dans le monde, & que leur
conduite eût été toûjours irreprehenfible, les efprits
foibles pourroient s'imaginer, que de tels Saints ne
feroient pas de même nature qu'eux, & qu'ils auroient
plus tenu du divin que de l'humain : enfin il ne nous
eft pas moins utile de les confiderer comme des vi-
ctimes de la penitence, que comme des modeles de
l'innocence & de la fainteté : *Propofiti enim ad imitandum*
nobis funt, & ideo curatum eft, ut & ipfi aliquando laberen-
tur, nam fi inoffenfum à vitiis inter tot lubrica hujus fæculi
curriculum peregiffent, dediffent nobis occafionem infirmiori-
bus æftimandi cujufdam fuperioris eos naturæ, ac divinæ fuif-
fe... quæ opinio utique... ab impoffibili imitatione revoca-
ret... ut nobis ad imitationem vita eorum fieret difciplina,
& ficut innocentiæ, ita & pænitentiæ magifterium de eorum
actibus fumeremus : ce font les paroles de S. Ambroife :
d'ailleurs nôtre mifere eft fi grande & nôtre efprit fi
défiant, que nous ajoûtons plus aifément foy aux vices qu'aux vertus, nous craignons qu'on n'exagere &
qu'on ne nous impofe dans les panegyriques, nous
fçavons que le bien dépend de l'interieur, de la fin, de
l'intention, chofes qui tres-fouvent font cachées aux
yeux des hommes ; au lieu que les fautes font d'ordi-

naire exterieures , & les chûtes vifibles , conftantes,
affurées, les fcandales frequens & nombreux , & il eft
certain que les confiderations du peché des Anges
dans le Ciel, de l'homme dans le Paradis, de Judas
dans l'Apoftolat , & de plufieurs grands perfonnages
éminens en doctrine, en talens & en fainteté dans l'E-
glife, font de plus vives impreffions de crainte fur
nous , & qu'il nous portent plus efficacement à éviter les occafions dangereufes , à nous contenir dans
l'humilité, à recourir à Dieu dans la priere, que non
pas les éloges qu'on fait des vertus heroïques , pour
lefquelles nôtre credulité eft quelquefois foible , &
aufquelles fouvent nous n'avons pas le courage d'af-
pirer ni la force d'atteindre. Le peché du Prince dont
nous parlons aujourd'huy , a dans fon malheur ces
triftes mais falutaires avantages : il eft vray que du
temps de S. Ambroife, quelques impies vouloient fe
prévaloir de cet exemple, ou pour juftifier leurs éga-
remens, ou pour blafphemer contre la vertu : mais ce
grand Docteur refuta leurs erreurs dans deux excellentes Apologies : Partageons auffi à fon imitation ce
difcours en deux confiderations. Déplorons dans la
premiere la grandeur du Peché de ce Prince : admi-
rons dans la feconde la grandeur de fa penitence.

PREMIERE CONSIDERATION.

Quand on lit l'Ecriture avec attention, & qu'a-
prés s'être étonné de la chûte d'un fi grand Prophete,
on en veut rechercher les caufes, on en trouve quatre
principales que voicy.

1°. La premiere eſt , *la proſperité temporelle* : ce Prince étoit venu à bout de ſes deſſeins : toutes ſes entrepri-ſes luy avoient heureuſement réüſſi : ſon trône étoit affermi : ſes ennemis humiliez : ſes ſujets heureux & ſoûmis : ſes richeſſes immenſes : ſa famille nombreu-ſe : ſa réputation établie : ſon nom fameux par ſes victoires, & par une protection conſtante & viſible du *Seigneur* : les Rois voiſins ſes tributaires : la reli-gion floriſſante : rien ne manquoit à ſon bonheur : mais il n'en pût ſoûtenir l'éclat : tant de tribulations qui l'avoient fait ſi ſouvent gémir , ayant ceſſé, ſon cœur s'enfla d'orgueil : *David devictis hoſtibus*, dit ſaint Auguſtin, *factus eſt ſecurior, preſſurâ caruit, tumor excre-vit.* David ne ſe porta point à ces horribles excés , tandis que Saül le perſecuta, tandis qu'il fuyoit de-vant ſes ennemis, qu'il ſouffroit la faim & la ſoif, & toutes les incommoditez de la vie : dans ce triſte état il ne ſongea point à ſe ſoüiller dans l'adultere, ni à tremper ſes mains dans le ſang de l'innocent : *Hoc peccatum non fecit David*, continuë S. Auguſtin, *cùm per-ſecutorem Saülem pateretur : quando David ſanctus Saülem inimicum patiebatur : quando illius perſecutionibus agitaba-tur : quando per diverſa fugiebat, ne in manus ejus incideret, non concupiſcebat alienam , non adulteratâ uxore occidit vi-rum : erat in infirmitate tribulationis ſuæ :* plus il étoit af-fligé, plus étoit-il uni à Dieu, *tantò in Deum intenſior , quantò miſerior videbatur.*

Mais il eſt plus aiſé de ſouffrir l'adverſité ſans s'abbattre, dit le même Pere, que de porter la proſpe-rité ſans ſe corrompre, & c'eſt un bonheur bien rare, de n'être pas renverſé par ſon propre bonheur : *Magna*

felicitatis eſt , à felicitate non vinci. Cependant, comme
la chûte de nos premiers parens, fût un effet de leur
ſecrette complaiſance en leur propre grandeur, ſelon
les Peres : peut-on ne pas croire que le peché ſi ſou-
dain d'un tel Prophete, ne fût pas l'effet de quelque
orgueil caché , puiſqu'aprés tout, ſa vie fut toûjours
innocente quand elle fut malheureuſe ? Que celuy-là
donc qui craint le Seigneur, craigne la proſperité.
Valet ergo hoc exemplum ad id ut timeamus felicitatem.
Comprenons que le ſort de David humilié, eſt plus
deſirable que le ſort de David exalté. Que ſi quelques
heures dans le Paradis de délices ſuffirent à nos premiers parens , quoy que juſtes & ſaints , quoy que
ſans pente vers le mal, & ſans répugnance vers le bien,
pour les aveugler, & les remplir d'orgueil juſqu'à ce
point qu'ils crurent pouvoir devenir des Dieux en ſe
ſervant des moyens que le démon même leur ſugge-
roit ; pourquoy nous étonner de ce que la grandeur
humaine a fait tourner la tête à un de leurs enfans ?
Mais pourquoy ne pas s'étonner de ce que ces mêmes
enfans que l'experience devroit rendre ſages, cherchent encore toûjours cette fatale & fragile grandeur ?
pourquoy enfin s'étonner de ce que par un ordre miſericordieux de la providence, le juſte eſt ſouvent dans
l'oppreſſion , & l'impie dans la proſperité ? & pourquoy au contraire ne pas s'étonner comme d'un ren-
verſement de la providence, de voir le juſte dans la
gloire , & le pecheur dans l'humiliation ? Pluſieurs
années de tranquillité ne ſuffirent pas aux freres de
Joſeph, pour leur ouvrir les yeux ſur la grandeur du
crime qu'ils avoient commis contre leur frere, une

calamité

calamité de quelques momens les fit rentrer en eux-mêmes, *meritò hæc patimur.* Mais la feconde caufe de la chute de ce Prince fut,

II. *L'oifiveté* : L'Ecriture le donne affez à entendre, lorfqu'elle dit : que dans cette faifon de l'année où les Rois ont coûtume d'aller à la guerre, David encore belliqueux & fort, envoya Joab & fon armée ravager les terres de fes ennemis & afficger leur Ville, & pour lui, qu'il demeura en repos en Jerufalem dans fon magnifique Palais : *Factum eft enim eo tempore quo reges folent ad bella procedere, David remanfit in Jerufalem.* Tel eftoit fon état tranquille.

Or un jour il arriva que ce Prince défoccupé fe leva de fon lit aprés midy, & qu'il fe mit à fe promener fur la terraffe de fa maifon, apparemment pour y prendre le frais, & ne fçachant que faire : *accidit ut furgeret David de ftrato fuo poft meridiem, & deambularet in folario domus regiæ.* Un faint fi éclairé ignoroit-il que l'oifiveté eft la mere de tous les vices : *multam malitiam docuit otiofitas :* ô ! malheur, s'écrie S. Auguftin, Samfon, David, Salomon, vêcurent faintement tandis qu'ils s'appliquerent à leurs grands emplois ; mais, helas ! la vie molle & nonchalante ternit leur gloire : *David, Salomon, Samfon in occupationibus fancti, in otio perierunt.* En effet Samfon ne fe laiffa point corrompre par la luxure, lorfqu'il faifoit la guerre aux Philiftins ; ni David quand il fuyoit Saül, ni Salomon quand il bâtiffoit le temple ; mais l'efprit immonde ayant trouvé David oifif & défoccupé, *vacantem, fcopis mundatum & ornatum,* s'empara de fon cœur, comme d'une place vuide, dit un Pere.

Y

Ce Prince fi fçavant dans les Ecritures, ne fe fou-
vint pas que ce crime avoit été la caufe du malheur
funefte de ces villes dont le nom fera toû ours en
horreur, comme le connut depuis luy Ezechiel , *hæc
fuit iniquitas Sodomæ , otium filiarum ejus.* Qu'une eau
croupie exhale bien tôt une mauvaife odeur. Et qu'enfin la vie inappliquée & inutile eft le caractere de la
femme proftituée dont Salomon fon fils fait fi fouvent la peinture : *mulier plena illecebris & nihil omnino
fciens , fedit in foribus domus fuæ fuper fellam.* Mais voici
une troifiéme caufe de fa ruine.

III. *Ses regards immodeftes*, il les porta fans fcrupule
fur l'objet du monde qu'il devoit le plus éviter, il
s'y arrêta, il s'y complut. *Vidit mulierem, fe lavantem.*
Il oublia dans ce moment la priere qu'il avoit fi fouvent faite à Dieu : Seigneur, détournez mes yeux de
peur qu'ils ne voyent la vanité : *averte oculos meos ne vi-
deant vanitatem.* Tant d'exemples funeftes dont les Livres faints font remplis à ce fujet, ne lui vinrent pas
dans l'efprit, il vit une femme, il la trouva belle, il
l'enleva, *vidit mulierem, & tulit eam, & dormivit cum ea.*

Eve nôtre premiere & infortunée mere ne vit-elle
pas ainfi le fruit défendu, elle le regarda, elle le trouva beau, elle le prit, elle en mangea : n'eft-ce pas icy
le même peché reïteré ? & combien eft-il vray de
dire que chaque pecheur n'eft qu'un Adam reproduit ?
*Vidit mulier quòd bonum effet lignum ad vefcendum, & pul-
chrum oculis, afpectuque delectabile, & tulit de fructu illius,
& comedit.*

Les enfans de Dieu , c'eft-à-dire, les plus faints
d'entre les hommes, qui vivoient dans le premier

âge du monde, s'étant trop arrêtez à considerer la dangereuse beauté des femmes, acheverent de corrompre avec eux le genre humain, & attirerent le déluge universel qui les submergea tous. *Videntes filii Dei filias hominum quòd essent pulchræ.*

Ne fut-ce pas des œillades inconsiderées qui pervertirent le cœur de ces déplorables vieillards qui voulurent attenter à la vertu de la chaste Suzanne, leurs cheveux blancs, ni leur dignité de Juges, ne purent tenir bon contre leur passion insensée. Voir cette femme, & être embrasez d'une flamme impure, fut pour eux une même chose. *Viderunt, & exarserunt.*

Il ne fallut pas d'armées nombreuses, ni d'assemblées de ces fiers Titans, & de ces énormes géans, comme parle l'Ecriture, pour renverser le courage du belliqueux Holophernes : il regarda la beauté de Judith, & il en devint l'esclave, luy qui mettoit tant de peuples aux fers : *statim captus est in oculis suis Holophernes, pulchritudo ejus captivam fecit animam ejus.*

La maîtresse du chaste Joseph, pour l'avoir envisagé trop attentivement, cessa d'être maîtresse & devint captive : *Injecit oculos in Joseph, & ait illi, dormi mecum.*

Dina pour avoir voulu regarder & être regardée, perdit sa gloire, & entraîna tout un peuple dans une ruine effroyable. *Egressa Dina ut videret : quam cùm vidisset Sichem rapuit, & dormivit cum ea.*

Mais si David fut coupable pour avoir regardé Bethsabée, Bethsabée fut-elle innocente de s'être laissé regarder à David ? ne parut-il point de dessein ni d'affectation dans sa conduite ? se baigner en plein midi, dans un lieu exposé à la vûë du Palais d'un Roy,

quelle imprudence, quelle immodeſtie ? ne falloit-il
pas avoir dépoüillé toute pudeur, dit S. Ambroiſe,
& ne devoit-elle pas cauſer à ceux qui la devoient
voir en cet état, plus d'horreur que d'amour ? *quod
ante domum Regis mulier nudaretur, ante domum Regis mulier ſe lavaret, talem rex tam petulantem, tam procacem,
horrere potuit, non amare.*

Ah ! combien un autre Roy étoit-il plus précau-
tionné quand il diſoit ces belles paroles : J'ay fait un
pacte avec mes yeux, de ne jamais regarder de femmes, pour ne pas donner lieu à la moindre penſée qui
ternît la pureté de mon ame ; car autrement ſi je jet-
tois des yeux de convoitiſe ſur elles, comment le Seigneur jetteroit-il jamais les yeux de ſa miſericorde ſur
moy ? *pegigi fœdus cum oculis meis ut ne cogitarem quidem
de Virgine : quam enim partem haberet in me Deus deſu-
per, & hæreditatem omnipotens de excelſis ?*

Le plus ſage des Rois ne fit-il pas un ſemblable naufrage pour n'avoir pas ſuivi cette pratique ſainte ? je
n'ay rien refuſé à mes yeux, diſoit-il, de tout ce qu'ils
ont voulu regarder : *Omnia quæ deſideraverunt oculi mei,
non negavi eis,* c'étoit dans ſa jeuneſſe : mais auſſi en
quel abîme de folie cette beauté des femmes trop regardée ne le plongea-t'elle pas dans ſa vieilleſſe : *Cum-
que jam eſſet ſenex cor ejus depravatum eſt per mulieres.* Que
les foibles repriment donc leurs regards, puiſqu'ils
ont eſté la cauſe du peché des plus forts : *Parvi nolint
videre, ünde poſſint cadere, reprimant oculos à petulantia,* dit
S. Auguſtin. Heureux qui s'impoſe cette ſage maxime,
de ne jamais voir ce qu'il n'eſt pas permis de deſirer :
Non licet videre, quod non licet concupiſcere : Heureux qui

défend à ſes yeux de regarder, à ſon cœur de convoi-
ter, à ſa chair de ſe revolter.

Que ſi nous approfondiſſons plus avant cette la-
mentable chûte, nous en trouverons encore une raiſon dans l'Ecriture : ce fut,

IV. *L'intemperance*, autre ſource de l'incontinence :
deux convoitiſes inſeparables : *pro ordine membrorum ordo
vitiorum*, dit Tertullien : tandis que nos premiers parens
furent ſobres, ils furent chaſtes, dit S. Jerôme : *Quandiu
Eva in paradiſo abſtinuit, tamdiu virgo permanſit.* Si tôt
qu'ils ſe laiſſerent ſoüiller par la gourmandiſe, l'inte-
grité de leur corps ſe perdit : *Quam citò abſtinentiam vio-
lavit, corruptionem ſenſit.* Telles ſont les deux démarches
du vieux ſerpent, & tout enſemble la double punition
de ce tentateur, *pectore & ventre repes :* Saint Auguſtin
enſeigne la même doctrine, Adam & Eve, dit ce Pere,
ne furent continens que tandis qu'ils furent ſobres :
*Adam enim Evam nonniſi intemperantiâ provocante co-
gnovit : quandiu autem manſit in illis temperata parcitas, manſit & impolluta virginitas.* Et au contraire le démon, ſelon un Pere, n'oſa pas tenter d'impureté le ſecond
Adam, parce qu'entre pluſieurs autres raiſons, il vid
bien que celui, qui par un ſi rigoureux jeûne avoit
dompté l'intemperance, ſeroit inacceſſible à la luxure : *Ut qui jejunarat, & poſt jejunium gulam domuerat, de
carnis luxuria vanè fuiſſet tentatus.* L'intemperance d'une
heure fit perdre à Noé la modeſtie que la ſobrieté luy
avoit conſervée pendant ſix cens ans, ajoûte le même
ſaint Jerôme : *Noé ad unius horæ ebrietatem, nudat femora
quæ per ſexcentos annos ſobrietate contexerat.* Les villes
malheureuſes, dont on vient de parler, commirent le

même crime & eurent le même fort : *Hæc fuit iniquitas Sodomæ faturitas panis & vini & abundantia.* L'Apôtre faint Paul ne fépare jamais ces deux vices l'un de l'autre, abftenez-vous de tout excez, du boire & du manger, de toute molleffe & de toute impudicité. *Non in comeffationibus & ebrietatibus, non in cubilibus & impudiciiis.* Fuyez toute yvrognerie, ajoûte-t-il dans un autre endroit, parce que c'eft dans le vin que refide la luxure : *Nolite inebriari vino, in quo eft luxuria.*

Toute l'Ecriture ne nous infinuë autre chofe, foit en termes exprés, foit en termes figurez : Elle nous dit que le vin & les femmes font tomber les plus fages dans l'apoftafie : *Vinum & mulieres faciunt apoftatare fapientes,* & que les vignes qui produifent le vin dont les hommes s'enyvrent, font les avenuës, & comme les fauxbourgs de Sodome & de Gomorrhe : *De vinea Sodomorum vinea eorum, & de fuburbanis Gomorrhæ uva eorum.*

Que fert-il de joindre icy l'autorité des Saints, qui nous enfeignent que l'intemperance eft à la convoitife ce que l'huile eft au feu : *Quid oleum igni injicimus?* qu'elle eft la mere de l'incontinence, *libidinis parens :* qu'elle en eft la nourrice: *fomentum libidinis:* qu'elle en eft le Trône : *ubicumque faturitas & ebrietas fuerint, ibi libido dominatur.* Que Loth, dont toute la corruption de Sodome n'avoit pû foüiller le cœur, avoit enfin été feduit par l'excez du vin : *Loth quem Sodoma non vicerat vina vicerunt.* Toutes ces paroles font de faint Ambroife & de faint Jerôme.

Cette verité ne s'eft que trop verifiée dans le fujet que nous traitons aujourd'hui : David, dont la vie

avoit été si sobre & si abstinente lors de ses malheurs,
changea bien de face dans sa prosperité. Son fils Ab-
salon faisoit des festins de Roy : *quasi convivium Regis*,
luy-même quand il eut fait venir Urie du camp, sous
pretexte de luy apporter des nouvelles de son armée, le
fit servir magnifiquement & des mets de sa table roya-
le, *& egressus est Urias de domo Regis, secutusque est eum cibus
regius.* Et apprenant que ce serviteur fidelle & ferme
n'étoit pas allé chez lui, il le convia le lendemain à
un festin & l'enyvra : *vocavit Uriam David ut comederet
coram se & biberet, & inebriavit eum :* Expression qui
dans cet endroit, & par rapport à l'intention de David, emporte visiblement un excez dans le boire &
le manger, car son dessein étoit, en faisant violer à
Urie l'abstinence, de lui faire perdre la continence.
On peut même soupçonner qu'apparemment il joi-
gnoit la musique à ses repas : car Berzellai convié par
David de venir passer le reste de ses jours avec luy dans
son Palais à Jerusalem, ce sage vieillard le remercia,
luy disant qu'il n'étoit plus en âge de passer le Jour-
dain, ni capable de prendre plaisir à la bonne chere,
ou à la symphonie : mais que son fils auroit l'honneur
de le suivre : *numquid delectare potest servum tuum cibus
aut potus ? vel audire possum ultra vocem cantorum atque can-
tatricum paululùm procedam ab Jordane. Chamaam vadat
tecum, Domine mi Rex, & fac ei quidquid bonum videtur.*
Ces paroles sont tres-dignes de remarque, car elles sont
la figure de l'ancien peuple qui dans sa caducité re-
fusa de renaître dans les eaux de baptême ; de parti-
ciper au banquet nuptial que le grand Roy faisoit à
son fils ; & de se joindre aux cantiques d'allegresse

pour le retour du peuple Gentil; mais qui doit envoyer ses enfans à cette fête, remise pour eux à la fin du monde. Telles pouvoient être alors les delices sensuelles de ce Prince qui servirent de dispositions à sa chûte : & qui sçait si ces excés, & ce luxe prodigieux de la table de Salomon, n'avoient pas pris exemple sur la bonne chere de son pere, c'est une conjecture, mais elle est fondée.

Voilà quelles furent les causes apparentes du peché de David ; en voici les circonstances aggravantes : à Dieu ne plaise, s'écrie saint Augustin, que nous les préchions pour insulter à la memoire d'un si grand Prophete : nous les rapportons avec douleur, & avec crainte : *cum dolore quidem dicimus, & tremore :* mais enfin, le Seigneur qui a voulu que cette chûte funeste ait été écrite, n'a pas voulu qu'elle ne fût pas sçuë : *sed tamen Deus noluit taceri, quod voluit scribi :* écoutez donc mes freres, non ce que j'expose volontiers, mais ce que je suis contraint de rapporter malgré moy : *dicam ergo, non quod volo, sed quod cogor.* Je proposeray, non un pretexte de chûte aux pecheurs, mais un sujet de crainte aux plus justes : *dicam non exhortans ad imitationem, sed instruens ad timorem.*

Pleins de ces sentimens qui sont infiniment utiles à encourager les pecheurs, de peur qu'ils ne se desesperent : à humilier les justes, de crainte qu'ils ne s'enorgueillissent : & qui obligent tous les fidelles à exalter la misericorde de celui qui loin de vouloir la mort de personne, désire le salut de tous : Considerons ce qui rendit encore plus grief le peché de David. Car puisque Dieu encore une fois a voulu que cette histoire fût

fût publiée, non à la confusion, mais à la loüange de
son serviteur : n'en laissons pas échaper la moindre
circonstance, dit saint Chrysostome : *non enim vereor*
magná hæc vice publicare. Nam cùm Spiritus Sanctus non in
dedecus, sed in laudem, universam hanc historiam per scri-
pturam exposuit : cur me suboccultare oportebit ? propterea
non solum ficinus prædicare, sed facinoris appendices adjicere
constitui. Or les voici, ces circonstances aggravantes.

1 De ce qu'un homme d'une telle vertu commit
un crime si horrible : *virtus hominis quæ intolerabile cri-*
men faciebat, ajoûte ce Pere : un Prophete si éclairé,
si élevé, si Saint, tomber si facilement, & si
promptement dans le crime ! Il vit, il convoita, il
ravit. L'horreur d'un tel Peché ; le respect de la Loy
de Dieu ; l'infamie d'une telle action ; son âge ; son
rang ; le scandale qu'il alloit donner ; une si cruelle
injustice ; la peine de la Loy portée contre les adulte-
res, & les homicides ; les bien-faits immenses qu'il
avoit reçûs du Seigneur ; la crainte des supplices éternels qu'il connoissoit si bien ; cet œil qui ne s'endort
jamais ; la brieveté du plaisir ; les remords & les re-
grets éternels qui le suivent ; la grace qu'on perd, &
la difficulté de la recouvrer ; rien ne put le retenir,
rien ne put refréner une convoitise si aveugle. O fragilité ! ô corruption déplorable ! Saint Gregoire fait
une excellente refléxion sur ce sujet, qu'il est bon de
raporter icy : car expliquant ces paroles de Job : Les
montagnes tombent tout à coup, & les rochers sont
arrachez de leur place en un moment : *mons cadens de-*
fluit, & saxum transfertur de loco suo : Les eaux creusent
peu à peu la pierre, & la terre cede insensiblement

aux inondations : *lapides excavant aqua , & alluvione paulatim terra consumitur :* vous perdrez donc les hommes de cette maniere : *& homines ergo similiter perdes :* Ce sçavant Pontife demande d'où vient que l'Ecriture compare la ruine des justes, & leur chûte dans la luxure , ou bien aux montagnes qui s'écroûlent subitement, & aux rochers qui par un soudain effort sont détachez de leur place : ou bien aux pierres que la pluye cave goute à goute, & aux digues qu'une eau courante mine peu à peu ? sinon, dit ce grand Pape, qu'il y a deux sortes de tentations de la chair, qui renversent deux sortes de personnes vertueuses : l'une, qui comme un vent impetueux survient inopinément, & qui par une violente secousse les précipite tout d'un coup, & avec tant de rapidité dans le crime, qu'ils se voyent presque plûtôt tombez, qu'ils ne s'étoient sentis ébranlez : *unum quod per repentinum eventum agitur, quatenus sic subitò tentetur, ut hunc inopinato proventu concutiat, & prosternat, casumque suum non nisi postquam ceciderit videat.*

L'autre, qui s'insinuë peu à peu dans un esprit, quoi-que d'ailleurs affermi, & qui le mine insensiblement par ses suggestions presque imperceptibles, mais continuelles, comme par autant de petits flots redoublez, qui se succedent les uns aux autres, consumant ainsi toutes les forces d'une ame & toute sa vertu, non par une attaque impetueuse, mais par une assiduité opiniâtre à l'entamer toûjours, & sans discontinuation. *Aliud verò quod paulatim venit in mentem, & resistentem animum lenibus suggestionibus inficit, & in eo vires justitiæ, non nimietate sua, sed assiduitate consumit.*

Ainſi parce qu'on voit quelquefois des juſtes qui ſe laiſſent ou emporter par la violence impetueuſe d'une ſoudaine tentation ; ou amollir par les doux & continuels appas d'une flâteuſe volupté : C'eſt avec grande raiſon que l'Ecriture compare icy la chûte des juſtes, ou à des rochers arrachez violemment de leur place, ou à des pierres que la pluye perce inſenſiblement : *quia ergo alia eſt tentatio quæ juſtos plerumque ſubitâ invaſione proſternit : dicatur, mons cadens defluit, & ſaxum transfertur de loco ſuo. Rurſus quia alia eſt tentatio quæ ſe cordi hominis leniter infundit, omnemque duritiam fortitudinis corrumpit, atque conſumit, dicatur : lapides excavant aquæ : quia videlicet duritiam mentis abſorbent aſſidua, & mollia blandimenta libidinis, & lentum atque ſubtile vitium corrumpit durum & forte propoſitum mentis.*

De quoi cet experimenté Maître en la vie ſpirituelle nous donne deux exemples fameux, afin de nous mieux faire toucher au doigt cette verité. Voulez-vous voir, dit-il, un rocher ſoudainement arraché de ſa place, une montagne affaiſſée en un inſtant? regardez David ce grand Saint & ce grand Prophete, qui comme un mont élevé découvrit tant de myſteres futurs, eut des vûës ſi ſublimes; & qui néanmoins fit une chûte ſi grande & ſi prompte, qu'il tomba tout d'un coup dans l'abîme de l'adultere & de l'homicide, qui ravit ſur le champ la femme d'autruy, & qui trempa ſes mains dans le ſang innocent du mary, aux dépens même de celuy de ſes propres ſujets : n'eſt-ce pas là une montagne en un inſtant renverſée ? un rocher ſoudainement arraché ? *Videamus David : ille quantùm mons altus fuerit, qui tanta Dei myſteria prophetico ſpiritu voluit contemplari : sed aspiciamus quàm subito casu defluxit, qui dum in solario deambulans alienam conjugem concupivit, & abstulit, ejusque virum cum damno exercitus interemit.* Avec quelle surprenante rapidité l'ame de ce Prophete élevée par la contemplation des secrets divins, comme une haute montagne qui voisine le Ciel, ne fut-elle pas precipitée dans l'ordure du vice de l'impudicité ? *Cùm mens illa mysteriis cœlestibus assueta, inopinata tentatione devicta est, tamque immanissimæ turpitudini subacta : saxum itaque de loco suo translatum est, cùm Prophetæ animus à Prophetæ mysteriis exclusus, ad cogitandas turpitudines venit.* Voilà un rocher arraché violemment de sa place, une montagne écroulée par un soudain effort.

Mais voulez-vous voir un marbre amolli par une douce pluye, qui goute à goute a distillé sur lui; une terre emportée peu à peu par une petite, mais frequente inondation : *videamus etiam qualiter lapides excavant aquæ, & alluvione paulatim terra consumitur ?* Considerez la chûte celebre de Salomon, ce Prince si religieux & si sage, & vous trouverez que sa dépravation ne vint que d'un commerce trop continuel avec les femmes. Celuy dont la pieté si eclairée avoit élevé un Temple magnifique au Dieu vivant, se laissa corrompre insensiblement par la frequentation assiduë qu'il eut avec les femmes. Ce sexe le pervertit enfin, il l'engagea dans une vie effeminée & molle, & il l'aveugla jusqu'à ce point que de luy faire élever des Temples aux Idoles. L'inondation d'une luxure débordée mina à la longue cette terre solide, & la pente de la convoitise charnelle entraîna aprés elle avec le tems la fermeté de ce fort boulevart. *Salomon quippe immoderato usu atque assiduitate mulierum, ad hoc usque perductus est, ut Templum Idolis fabricaret ; & qui prius Deo Templum construxerat, assiduitate libidinis etiam perfidiæ substratus, Idolis construere Templa non timuit : Sicque factum est ut ab assidua carnis petulantia, usque ad mentis perfidiam perveniret. Quid igitur aliud quàm aquæ excavarunt lapidem, & alluvione paulatim terra consumpta est ? quia subrepente paulisper infusione peccati, terra cordis illius ad consumptionem defluxit.*

2. La seconde circonstance aggravante, c'est que David ajoûta crime sur crime. L'adultere fut suivi de l'homicide : *homicidio auxit adulterium,* dit saint Augustin : bien plus, pour tuer un homme, il falut en tuer plusieurs : *& ceciderunt de populo servorum David :* ce que ce même Prophete avoit prédit dans ses Vers, se verifia en sa personne, qu'un abîme attire un autre abîme, *abyssus abyssum invocat.* Mais à quelle bassesse le peché ne reduit il pas le cœur le plus noble & le plus genereux, dit saint Ambroise? David ce grand courage, ce Prince si belliqueux, use d'une dissimulation honteuse, il fait venir Urie de l'armée, sous prétexte d'en sçavoir des nouvelles, il le caresse, il le fait manger à sa table, il l'enyvre, il le presse d'aller visiter son épouse infidelle : cette dissimulation ne réussit pas : Il ne peut tromper le mary, il le faut perdre. L'adultere fut prompt, mais l'homicide est medité : David punit Urie pour avoir été trop chaste, au lieu de se punir luy-même pour ne l'avoir pas été assez. Il ne se contente pas de lui avoir ravi l'honneur, il veut luy ravir la vie : il la luy ôte, parce qu'il ne

veut pas uſer d'un plaiſir permis, & il ſe la conſerve, parce qu'il veut joüir d'un plaiſir défendu. Il écrit une lettre à Joab pour le faire perir : ce fidelle, mais infortuné ſujet, eſt le porteur de ſon arreſt de mort : *ſcribit David Epiſtolam ad Joab, miſitque per manum Uriæ : ponite Uriam ex adverſo belli ubi fortiſſimum eſt prælium, & derelinquite eum, ut percuſſus intereat.* Ah ! ne blâmons point icy ce grand & genereux Prince, abſtenons-nous de déclamer contre ſa conduite. Déplorons la dégradation de l'homme par le peché ; David lorſqu'il étoit animé de la grace du Seigneur, pardonne à ſes plus cruels ennemis, il laiſſe la vie à ceux qui cherchent à luy ravir la ſienne, *Evangelica magnanimitate*, dit ſaint Chryſoſtome : en effet, rien de plus magnanime : on luy enleve par une force ſuperieure ſa propre épouſe pour la donner à un étranger, l'occaſion ſe preſente de ſe vanger de cette injure atroce, il ne le fait pas ; quoi de plus grand que de ſe ſurmonter ſoy-même ? le peché s'empare de ſon cœur, il ceſſe d'être le même homme, il ravit la femme d'autruy, il trempe ſes mains dans le ſang innocent, & pour couvrir ſes paſſions honteuſes, il s'avilit & s'abaiſſe à des fineſſes indignes d'un homme mediocre : Ah ! ne luy attribuons pas une conduite ſi ignominieuſe, mes tres-chers freres, s'écrie ſaint Ambroiſe, c'eſt à la tyrannie que le vice exerce ſur ſes eſclaves qu'il faut l'imputer, c'eſt à la dure ſervitude de la concupiſcence, ſous laquelle gemiſſent les pecheurs, qu'il faut s'en prendre. Si ce Prince a commis une ſi grande faute, ç'a été par l'emportement d'une violente tentation, *vi tentationis inflexus*, quoi qu'aprés tout, cette excuſe ſoit foible, puiſqu'il

fut attiré, mais qu'il ne fut pas entraînê : puifqu'il
pouvoit refifter à la tentation, quelque forte & fou-
daine qu'elle fût, ajoûte le même Pere : *non audeo di-
cere quòd vi criminis fuerit oppreſſus, neque enim oppreſſus eſt
qui fcivit quemadmodum à ruina illa peccati ſe poſſet levare:
dico tamen quòd vi tentationis inflexus fit.* Mais il fecoüera
ce joug infupportable : il immolera au Seigneur des
hofties de loüanges, quand le Seigneur aura rompu de
fi rudes liens : *dirupifti vincula mea, tibi ſcrificabo hoſtiam
laudis:* pour avoir une fois proferé des paroles flateu-
fes, il fera entendre des gemiſſemens continuels : *&
gemitus meus à te non eſt abſconditus :* & leur vehemence
fera fi grande, que ce ne feront plus des gemiſſemens :
ce feront des rugiſſemens : *rugiebam à gemitu cordis mei.*
Qu'heureux eft celuy, dit faint Auguftin, qui eft ainfi
miferable ! *quàm felix eſt qui fic miſer eſt!* & combien le
pecheur eft-il miferable, qui n'eft pas ainfi malheureux ! *miſer eſſet, ſi lugens non eſſet:* En effet, un pecheur
qui ne pleure pas, merite qu'on le pleure. Aprés cela
on ne s'étonnera pas de l'hypocrifie de l'infortunée
complice de tant de crimes. Bethfabée apprend par
la voix publique la mort de fon mary Urie qu'elle
n'ignoroit pas en fon cœur devoir arriver, puifqu'elle
en étoit la veritable & fecrete meurtriere : elle con-
trefait l'affligée, elle s'abandonne à des larmes fein-
tes, elle prend le deüil : *audivit autem uxor Uriæ quòd
mortuus eſſet Urias vir fuus, & planxit eum.* Mais toute
cette vaine ceremonie étant finie, elle paſſe bien-tôt
de la triftefe à la joye : *tranſacto autem luctu, miſi David
& introduxit eam in domum ſuam, & facta ıſt ei uxor.*
Voilà le comble de l'iniquité.

3. A ces confidérations, ajoûtons encore cette nouvelle circonftance, de ce qu'un homme, jufques-là, d'une confcience fi tendre, fi pure, fi délicate, non feulement commit un tel crime, mais de ce qu'il ne rougit pas aprés l'avoir commis; de ce qu'il ne vit pas la chûte qu'il avoit faite : point de refléxion, point de remords, nulle crainte de ces jugemens terribles fur les pecheurs, dont fes Pfeaumes étoient pleins : il ne rentra point en lui-même, il ne fe dit point, ah ! qu'ai-je fait ? il vécut tranquillement pendant prés d'un an, fans que le ver interieur le réveillât d'un fi profond fommeil, & il ne fe feroit jamais réveillé de cette létargie profonde, fi le Seigneur ne lui eût envoyé un Prophete pour l'en retirer. Quel plus terrible exemple pour faire voir que l'homme peut bien feul fe donner la mort, mais qu'il ne fçauroit fe redonner la vie : qu'il peut bien fe précipiter dans l'abîme du peché de luxure, mais qu'il ne peut s'en retirer de luy-même : 'c'eft ce que faint Auguftin nous apprend avoir été figuré dans l'Ecriture, lorfque Samfon étant entré dans la maifon d'une proftituée, fes ennemis entourerent le lieu & mirent des gardes aux avenuës : mais cet homme revêtu d'une force prodigieufe & divine, fe leva la nuit, fortit de ce malheureux domicile, arracha les portes de la Ville avec les gonds & les ferrures, & les tranfporta fur la montagne voifine. C'étoit, dit ce Pere, la figure de Jefus-Chrift, ce fort armé defcendu aux enfers, dont les Juifs gardoient le fepulchre, mais qui reffufcitant victorieux ôta & brifa les portes de l'enfer. Chofe remarquable, s'écrie ce Saint, la maifon d'une proftituée, fut la figure

de

de l'enfer , comme Samſon le fut de Jeſus-Chriſt :
inferni imaginem tenebat domus meretricis , & rectè pro in-
feris ponitur. Car comme l'enfer reçoit ceux qui y deſcendent, & ne les rend plus : *recipiebat enim , & non*
remittebat : ainſi la maiſon d'une proſtituée eſt comme
une eſpece d'enfer, dont preſque perſonne ne revient
ſans un miracle de grace,ſans une force ſpirituelle,ſem-
blable à la force corporelle de Samſon. N'avez-vous jamais lû que le lit de la femme adultere eſt environné de
lacets & de filets, d'où l'on ne ſe peut démêler ? *intexui*
funibus lectulum meum : que ſa demeure eſt comme un
puits profond d'où on ne ſçauroit ſortir ? *puteus anguſtus*
& fovea profunda meretrix. Que tous les pas que vous
faites à ſa ſuite vous conduiſent à la mort, & vous pré-
cipitent aux enfers ? *pedes ejus deſcendunt in mortem , & ad*
inferos greſſus illius penetrant. Que ceux qui deſcendent
dans un tel abîme , n'en reviennent point, & ne re-
trouvent plus le chemin qui conduit à la vie ? *inclinata*
eſt ad mortem domus ejus, & ad inferos ſemitæ ipſius pene-
trant : omnes qui ingrediuntur ad eam non revertentur , nec
apprehendent ſemitas vitæ. Et qu'enfin la cauſe de l'im-
pénitence des peuples entiers , vient de cet eſprit immonde qui les poſſede : *non dabunt cogitationes ſuas ut re-*
vertantur ad Deum ſuum , quia ſpiritus fornicationis in medio
eorum. L'inſenſibilité de ce grand Prince aprés ſon peché , n'eſt-elle pas une preuve de cette terrible verité ?
mais c'eſt trop l'avoir conſideré dans ſa chûte, jettons
à preſent les yeux ſur ſa penitence : & montrons avec
ſaint Ambroiſe que ce qui eſt impoſſible à l'homme
qui s'eſt ravi la vie, ne l'eſt pas à celuy qui ſeul reſſuſci-
te les morts.

A 2

SECONDE CONSIDERATION.

Que perfonne, dit faint Ambroife, ne nous faſſe icy des reproches : qu'on ne nous diſe point : pourquoi aller remuer les cendres d'un Prophete ? *cur iterum ſanctum Prophetam in judicium vocas ?* pourquoi parler d'un crime que la penitence a ſi parfaitement expié ? pourquoi condamner celui que le Seigneur a ſi folemnel-lement abſous ? pourquoi blâmer de nouveau celui que la verité même a ſi expreſſément loüé ? *etenim David tempus ſuum implevit, gratiam meruit, & juſtificatus ab ipſo Chriſto eſt.* Pourquoi faire venir en juge-ment celui qui joüit de la recompenſe ? *cur hominem Dei à præmio in judicium vocas ?* fans doute c'eſt afin que tout fidelle capable comme lui de commettre une femblable faute, apprenne à être capable avec lui de faire une femblable penitence , *ut fideles omnes paris uti-que delicti capaces, ita pœnitentiæ Sanctorum poſſint eſſe con-ſortes.* Qu'un chacun ſçache qu'il n'y a point de pe-ché que faſſe un homme, qui ne puiſſe être fait par un autre homme , s'il eſt délaiſſé par celui qui a fait l'homme : & que comme aucun pecheur ne doit de-fefperer de ſa converfion ; auſſi nul ne doit mal-à-pro-pos ſe prévaloir de cet exemple, ni dire ſi David a tombé, pourquoi me blâmer ſi je tombe ? *ſi David, cur non ego ?* une femblable difpoſition a quelque choſe de plus méchant que le crime même, puifqu'elle ren-ferme une obſtination de le commettre. Gardez-vous donc d'imiter ce que les Saints ont eu de blâmable, dit faint Auguſtin, gardez-vous d'aimer en eux, ce qu'ils ont haï en eux : *hoc amas in David quod in se odit David.* Apprenez que les Saints n'ont pas été d'une autre nature que vous, mais qu'ils ont eû toute autre vertu que vous. *Non naturę presantioris, sed observantię majoris :* que quelquefois ils ont fait des fautes, mais qu'ils s'en sont corrigez : *nec vitia nescisse, sed emendasse :* & que la chûte des Cedres du Liban, doit faire trembler les foibles arbrisseaux des forêts : *sit casus majorum, tremor minorum : & cùm attendunt magnum cecidisse, parvi timeant.* David a commis un peché, mais il l'a enseveli sous le poids d'une infinité de bonnes œuvres : *peccata sua texit operibus bonis :* & s'il a esté un triste exemple de la fragilité humaine, il a été un modele consolant de la penitence chrêtienne. *David forma pœnitendi :* gardons-nous donc d'ôter de l'histoire de sa vie, le recit des victoires qu'il a remportées sur luy-même ; car ce ne seroit pas lui faire une moindre injure, selon saint Chrysostome, que si on en retranchoit l'histoire de son triomphe sur Goliath : *veluti qui certamen quo Goliath obtruncavit tacitus pręteriret.* Ces excellentes refléxions sont de saint Ambroise & de saint Augustin, & si elles ne nous servent pas à justifier David dans son peché, elles nous servent à le loüer dans sa penitence : si elles ne nous servent pas à pallier son crime, elles nous servent à faire éclater son repentir : & voicy ce que ces mêmes Saints alleguent en faveur de ce Prophete humilié.

Premierement, de ce qu'en tout le cours de sa vie qui fut longue ; parmi tant de divers états dangereux à la vertu où il se vit engagé ; au milieu de la Cour, & de la guerre ; dans les adversitez & les prosperitez ;

il ne commit jamais qu'une feule faute. Saül le pour-
fuivant à mort, tombe deux fois entre fes mains : il
luy pardonne : il conferve la vie à un ennemy qui
vouloit luy ravir la fienne : ni la haine, ni la vengean-
ce, ni la colere, ni l'ambition, ni un Royaume en-
tier, ni la follicitation de fes amis qui le preffoient
de fe défaire d'un fi implacable adverfaire, ni une
fauffe mais captieufe interpretation des promeffes du
Ciel dans des conjonctures délicates, ne peuvent l'o-
bliger à étendre fa main fur l'Oint du Seigneur, il
donne des exemples parfaits d'une patience heroïque,
d'une douceur inalterable, d'une fidelité inébranlable,
d'une délicateffe infinie de confcience, il aime mieux
mener une vie errante & vagabonde dans des montagnes, que d'acquerir une couronne au prix même
d'une action qui pouvoit être juftifiée par divers fpe-
cieux motifs, mais que fa confcience luy faifoit voir
n'être pas permife. Il a donc peché, il eft vrai, mais
il n'a peché qu'une fois. *Fecit David rectum in oculis
Domini.* Ce Prince religieux, fit en toutes chofes la
volonté du Seigneur, il ne s'en écarta jamais aucun
jour de fa vie, fi ce n'eft en une feule occafion, *&
non declinavit ab omnibus quæ preceperat ei cunctis diebus
vitæ, excepto fermone Urię.* S'il tombe donc une fois, ne
faut-il pas l'imputer plûtôt à la fragilité de la nature, qu'à la dépravation de fon cœur, dit faint Ambroife ? *itaque corruit naturę magis fragilitate, quàm peccandi libidine.* Le premier Ange & le premier homme
pecherent une fois, mais celui-là n'a ceffé de blafphemer, ny celui-cy de trébucher en la perfonne de fes
enfans : Saül & Judas à leur premier crime en ajoû-

terent d'autres plus énormes : eux & leurs femblables ont verifié par leurs chûtes réïterées , qu'un peché commis laiffe aprés foy le defir d'en commettre un autre ; que lors même qu'on eft las du crime, on n'en eft pas raffafié ; que la fin d'un peché eft prefque toûjours le commencement d'un autre, qui en eft en même tems la jufte peine, & ce qui eft déplorable, que fouvent les pecheurs confervent la volonté de pecher, aprés même en avoir perdu le pouvoir : le monde eft mort pour eux, & le monde n'eft pas mort en eux. Rien de femblable dans nôtre Saint penitent, il tomba une fois, il fut enfuite fouvent tenté, mais il refifta, il furmonta, il ne tomba plus. L'impie & infolent Semei maudit ce Prince humilié, il vomit des imprécations contre lui , il luy jette des pierres, il l'appelle un ufurpateur, un meurtrier, un méchant homme : David devenu patient, peut l'exterminer fur le champ, il lui pardonne, efperant que le Seigneur ufera de pareille mifericorde envers luy. Abfalom fe revolte contre luy, il en veut également à fon honneur, à fa couronne, & à fa vie : tout le foin de ce Pere fi indignement & fi cruellement traité, eft de recommander qu'on épargne ce fils ingrat & dénaturé : *fervate mihi filium Abfalom* : toute fa douleur eft de l'avoir perdu ? *Abfalom fili mi, fili mi, Abfalom, quis mihi det pro te mori ?* ce n'eft plus cet homme de fang qui a fait mourir Urie, il veut conferver la vie à celuy qui vouloit luy ravir la fienne : ce n'eft plus cet homme injufte qui foüille en fecret la couche nuptiale d'autrui; il fçait qu'on a foüillé en public la fienne même,& il ne veut pas s'en vanger : il fe juge indigne d'élever un

Temple au Dieu de paix, pour avoir trop aimé la guerre : & la derniere parole qu'il profere au lit de la mort,
c'eſt de recommander à ſon fils Salomon l'obſervation
des loix ſaintes du Seigneur.

11. Mais voicy une ſeconde refléxion en faveur de
ce Roy penitent : c'eſt qu'il ſouffrit humblement, &
patiemment la correction du Prophete Nathan ſon in-
ferieur & ſon ſujet : il ne ſe laiſſa point pénétrer au dé-
pit d'être repris, mais à la douleur d'avoir peché : il
ne fremit pas, mais il gemit, dit ſaint Ambroiſe : *non
infremuit, ſed ingemuit culpæ dolore.* Quelle eſt la perſonne élevée en dignité qui ſoit capable de ſouffrir
des reprehenſions ? *quem mihi nunc facilè reperias hono-
ratum, ac divitem, qui ſi arguatur à peccato, non moleſtè fe-
rat ?* Nôtre ſaint Roy, plus grand encore par ſes heroïques vertus, & par les oracles divins, que par ſon
ſceptre, s'humilia & confeſſa ſon crime, *at ille regio
clarus imperio, tot divinis probatus oraculis, cùm à privato
homine corriperetur, quòd graviter deliquiſſet, non indignatus
infremuit, ſed confeſſus ingemuit.* Sans doute c'eſt le premier & peut-être le ſeul exemple que l'Ecriture nous
ait fourni d'une correction bien reçûë. Nos premiers
parens, les premiers pecheurs du monde, ne furent-
ils pas indociles à Dieu même qui les reprenoit ? C'eſt
cette femme que vous m'avez donnée, c'eſt ce ſerpent
qui m'a trompé, dirent-ils. Nul d'eux ne frappa ſa
poitrine : nul ne s'humilia : nul ne reconnut ſa faute :
nul ne dit j'ay peché. Avec combien d'aigreur Simeon
& Levi reçurent-ils les ſalutaires avis de leur pere
Jacob ? Jeroboam ne voulut-il pas faire arrêter le Prophete qui lui reprochoit ſon idolatrie ? Manaſſês ne

fit-il pas perir cruellement dans les tourmens Iſaïe?
Herode ne fit-il pas couper la tête à ſaint Jean pour le
même ſujet? il falut une lettre de l'autre monde, & la
main d'un homme inviſible pour reprendre Joram &
Baltazar. C'eſt l'ancienne maladie du genre humain,
de ne vouloir entendre que des choſes agréables : *lo-
quere nobis placentia.* Achab empriſonna Michée, parce qu'il ne luy prédiſoit que des évenemens fâcheux,
non prophetat mihi niſi malum. A peine Pilate eut-il demandé à Jeſus-Chriſt ce que c'étoit que la verité,
qu'il luy tourna le dos, ſans doute, crainte d'entendre quelque choſe qui luy déplût : enfin l'homme eſt
ſi dépravé dans ſes humeurs, qu'il cherche plûtôt à
être trompé par des menſonges qui le flatent , qu'à
être éclairez par des veritez qui l'inſtruiſent, & pour-
vû que le poiſon ſoit doux, il ne ſe ſoucie pas qu'il
ſoit dangereux. Le demon bleſſa l'homme en le flatant
de la vaine eſperance qu'il ſeroit Dieu : le Seigneur
guérit l'homme en luy reprochant ſon crime, & luy
diſant qu'il étoit mortel. A peine trouve-t-on quelque Prince même Chrétien, qui n'ait pas trouvé mau-
vais qu'on l'ait repris, & l'exemple du grand Theodoſe eſt peut-être le ſeul qui faſſe honneur à l'Egliſe.
L'hiſtoire en eſt celebre & connuë de tout le monde :
Ce Prince tranſporté d'une violente colere, avoit injuſtement fait maſſacrer pluſieurs perſonnes : S. Ambroiſe luy remontra la grandeur de ſon crime, il le
priva de la Communion, il luy défendit l'entrée de
l'Egliſe : Theodoſe voulut d'abord s'excuſer, en luy
diſant que David étoit bien tombé dans un ſemblable
homicide : mais ce genereux Pontife luy ferma la

bouche , en luy faifant certe réponfe fi admirable :
puifque vous l'avez imité dans fon peché, que ne l'i-
mitez-vous dans fa penitence ? *qui fecutus es errantem,
fequere pœnitentem.* Theodofe s'humilia, il fe foûmit à
la difcipline de l'Eglife, il s'abftint pendant plufieurs
mois d'entrer dans l'Eglife , il dit à S. Ambroife qu'il
reconnoiffoit fon peché , mais qu'il le prioit de ne
luy fermer pas plus long tems les portes de l'Eglife,
que le Seigneur commun de tous , dont il devoir avoir
devant les yeux la clemence & la douceur , ne vouloit pas interdire aux penitens humiliez : *non audacia
efferor adverfum legem , nec facrum limen contra jus , & fas
terere aggredior : fed obfecro te ut me vinculorum nexu liberes ,
& clementiâ communis Domini ob oculos tibi pofitâ, mihi non
prgcludas illam januam quam Dominus ipfe cunctis aperuit pœ-
nitentibus.* Mais quelle fatisfaction ferez-vous pour une
faute fi énorme , luy dit ce faint Prelat ? vous êtes le
Medecin , repliqua l'Empereur , & moy je fuis le ma-
lade: *tuum eft præcipere : æger fum, medicus es:* C'eft à vous
d'ordonner , & à moy de me foûmettre : on ne pouvoit refifter à un difcours fi touchant , on luy ouvre
donc les portes, il fe met à genoux fur le pavé , pour
y faire en cet état fa priere , il fe profterne par terre ,
& il l'arrofe de fes larmes , repetant plufieurs fois
cette parole de David : mon ame s'eft collée contre
le pavé : rendez-moy , Seigneur , la vie , fuivant vôtre
parole : *adhæfit pavimento anima mea , vivifica me fe-
cundùm verbum tuum.* Et quand l'heure de l'oblation fut
arrivée , ce pieux Prince baigné de larmes monta les
degrés du fanctuaire pour y offrir fes dons. Au refte ,
loin que cette reprehenfion l'indifpofat côntre celui
qui

qui la lui avoit faite : il difoit depuis qu'il ne connoif-
foit d'Evêque qu'Ambroife, & quand il fe vit à l'ex-
tremité, il le demandoit fans ceffe pour mourir entre
fes bras. Telle fut la penitence religieufe de ce faint
Empereur, qui l'a rendu plus illuftre, & lui a plus
attiré l'amour & la veneration de tout le monde, que
les grandes victoires qu'il avoit remportées fur un
nombre infini de redoutables ennemis.

C'eft ainfi que la penitence de David a été le modele de celle de Theodofe, & que ce faint Roy a
tranfmis fa douleur à tous les vrais penitens qui fe
convertiront au Seigneur dans tous les fiecles fui-
vans : *confeffionis fuæ teftimonium in perpetua fæcula vul-
gato dolore tranfmifit*, ajoûte le même faint Ambroife :
de forte que David leur doit être ce que Nathan fut
à David, dit faint Auguftin : *ad te Nathan Propheta non
eft miffus, ipfe David ad te miffus eft.* Mais voici une troifiéme confidération en fa faveur.

III. C'eft que fa penitence fut prompte : du moment qu'il fut repris, il fe reconnut. A peine le Prophete eût-il achevé de luy dire : Vous êtes cet homme injufte, qu'il fe profterna par terre, & qu'il fe con-
feffa coupable : *peccavi Domino* : Deux paroles qui furent, felon faint Auguftin, comme deux étincelles ar-
dentes du facrifice interieur de fon cœur embrâzé de
douleur & d'amour : *in his duobus verbis flamma facrificii
exarfit.* La reprehenfion que l'on fait à la plûpart des
hommes, dit faint Ambroife, ne fait qu'augmenter
leurs maux & multiplier leurs fautes : *alii homines dum
corripiuntur à culpa, culpam ingeminant.* Ce qui devroit les
guérir & les relever, eft pour eux une occafion d'une

                    Homelie

nouvelle maladie, & d'une feconde chûte : *ibique lapfus eft major, ubi fperatur correctio.* Mais le foudain retour de David fit bien voir, que s'il étoit tombé une
fois, c'étoit plûtôt par la fragilité commune de la
nature, que par la corruption particuliere de fon cœur:
magis fragilitate, quàm peccandi libidine : la facilité du
pardon accordé fut une preuve évidente de la grandeur du repentir conçû : *maturitas venia, profundam
Regis fuiffe pœnitentiam declaravit.* La nouvelle ardeur
qu'il montra auffi-tôt pour le fervice du Seigneur, &
qui loin de fe ralentir, s'augmenta toûjours, fit voir
la finceritê de fon retour : de forte que fa chûte ne lui
fut qu'un nouvel éguillon pour s'avancer dans la vertu,
& pour l'animer à reparer fa perte. *Ut non folùm nul-
lum attuliffe æftimetur lapfus impedimentum, fed etiam velo-
citatis incentiva cumulaffe.* Revivre ainfi, n'eft-ce pas par-
ticiper déja par avance à la refurrection des juftes ?
*Certè beatus eft qui fe poteft reparare poft mortem, quoniam
poft mortem quoque refurgere, munus beatorum eft.* Pour moi,
dit faint Chryfoftome, j'eftime plus un guerrier qui
porté par terre au milieu de la mêlée, & griévement
bleffé, fe releve avec courage, & tout couvert de
pouffiere & de fang, rétablit le combat, repouffe l'ennemy, & remporte la victoire, que non pas celuy qui
fans peril & fans bleffure gagne la bataille. *Sic etiam
David.* J'eftime d'avantage un Pilote hardy & intré-
pide, qui défireux de faire une découverte importante,
aprés s'être expofé à une mer orageufe, & avoir fait
naufrage, aprés être forty nud de la mer, loin de dé-
fifter de fon glorieux deffein, repare fa perte & fon
vaiffeau, s'embarque de nouveau, & malgré mille

dangers, vient à bout de ſon entrepriſe, que je ne fais celuy dont la navigation a toûjours été heureuſe : *Ita David poſt illa vulnera refulſit.* David a donc peché, ce que ne font que trop ſouvent les Rois : mais il a confeſſé ſon peché, il a gemi, il a pleuré, il a fait penitence, ce que ne font guéres les Rois : *peccavit David, quod ſolent Reges : ſed pœnitentiam geſſit, flevit, ingemuit, quod non ſolent Reges.* Tomber eſt un effet de la nature corrompuë, qui nous eſt à tous commune : mais ſe relever comme il a fait : c'eſt un effort d'une vertu heroïque qui luy eſt propre. *Lapſus communis, ſed ſpecialis confeſſio. Culpam itaque incidiſſe naturæ eſt, diluiſſe virtutis.*

Au reſte, ne nous objectez point que David a répandu injuſtement du ſang humain : il eſt vrai, mais s'il en a répandu un peu, il a empêché qu'on n'en ait répandu à torrens ? ne fut ce pas à ſa valeur que le peuple de Dieu fut redevable de ſon ſalut, lorſqu'au peril du ſien propre, il remporta la victoire contre ce Géant formidable, qui ſuivi d'une armée nombreuſe, alloit mettre à feu & à ſang toute la Judée ? La valeur du ſeul David ne ſauva-t-elle pas la vie à tous, dit ſaint Ambroiſe ? *Unius fortitudo facta eſt univerſorum victoria.* Il fit mourir un homme, je l'avoüe, mais il a empêché un carnage general de tout un peuple : *conferatur mors unius : & tantorum quos liberavit à morte vita populorum.* Il a ôté la vie à un mari, & il a fait une veuve : mais à combien de femmes a-t-il conſervé les maris, en repouſſant pluſieurs fois les barbares, qui vouloient faire une horrible boucherie des Iſraëlites ? Il eſt vray qu'il eſt tombé dans un

adultere, mais n'a-t-il pas preſervé toutes les perſonnes du ſexe de la lubricité d'un nombre infini de ſoldats ennemis, qui ſans doute euſſent uſé brutalement
de leur victoire, ſi pluſieurs fois ils ne les eût repouſſez & chaſſez de la Paleſtine ? & ne publierent-elles
pas elles-mêmes, qu'elles lui étoient redevables de
leur pudeur conſervée, lorſqu'au retour du combat
elles ſortoient en foule de tous côtez, faiſant retentir
l'air d'inſtrumens de muſique & de cantiques d'allegreſſe, le publiant défenſeur de leur chaſteté ? *cùm
reverteretur David percuſſo Philiſtæo, egreſſæ ſunt mulieres
de univerſis urbibus Iſraël, cantantes, choroſque ducentes in
tympanis lætitiæ, & in ſiſtris, & præcinebant mulieres, &c.*

D'ailleurs, ce Prince penitent ne refrena-t-il pas
parfaitement en lui la ſenſualité, lorſque brûlant de
ſoif, aprés un combat, il demanda qu'on lui donnât
de l'eau fraîche d'une fontaine voiſine : car comme
on la lui eût apportée, il voulut ſe priver de ce ſoulagement, il en fit un ſacrifice au Seigneur : & celui,
dit ſaint Gregoire, qui n'avoit pas rougi de ſe ſoüiller
dans un plaiſir défendu, pâlit à la vûe d'un plaiſir
permis : *culpam concupiſcentiæ mutavit per pœnitentiam, qui
ergo quondam concupiſcere alienam conjugem, nequaquam timuit, poſt etiam quia aquam concupiſceret expavit.* Car faiſant refléxion aux voluptez criminelles qu'il avoit
voulu goûter, devenu ſevere & rigide à lui-même, il
voulut s'abſtenir des conſolations innocentes dont il
auroit pû joüir. *Quia enim ſe illicita perpetraſſe meminerat, contra ſemetipſum rigidus, etiam à licitis abſtinuit.*

Enfin, perſonne a-t-il jamais demandé plus inſtamment un cœur contrit & humilié, un cœur briſé

de douleur, un cœur rempli de tristesse & d'amertu-
me, que ce saint Roy l'a demandé à Dieu ? personne l'a-t-il obtenu dans un plus grand degré ? puisque
méme la douleur qu'il a conçûë de son peché a été une
figure & une expression excellente de cette douleur
immense que Jesus-Christ devoit avoir un jour des
pechez de tout le genre humain ? personne a-t-il re-
paré son crime par des actions d'une plus austere penitence ?

Pour expier son intemperance, il humilia son ame,
ou, comme il s'exprime luy-même, il ensevelit son
ame sous le jeûne : *& humiliabam, & operui in jejunio animam meam.* Il jeûna jusqu'à ne pouvoir soûtenir
son corps attenué : *genua mea infirmata sunt à jejunio.*
Son pain fut de la cendre, & son breuvage des larmes,
comme s'il eût dû être substantiellement changé de
pecheur en penitent : *quia cinerem tanquam panem man-
ducabam, & potum meum cum fletu misceham.* Pour se punir de sa paresse, & de s'être nonchalamment couché
en plein jour, il se levoit au milieu de la nuit, & il faisoit retentir l'air de ses soûpirs : *mediâ nocte surgebam
ad confitendum nomini tuo.* Pour avoir en passant arrêté
ses regards sur un objet défendu, il condamna pour
toûjours ses yeux à répandre des torrens de larmes in-
tarissables, & le lit de ses délices devint pour luy le lit
de ses douleurs : *lavabo per singulas noctes lectum meum :
lacrymis stratum meum rigabo :* présageant ainsi de loin
celui qui par ses larmes sur le lit de la croix, devoit
expier les plaisirs criminels de tous les vrais penitens.
Pour avoir flaté sa chair par des voluptez sensuelles,
il macéra son corps & le revêtit d'un si rude cilice

qu'il fut l'image de la chair dont Jesus-Chriſt devoit
être revêtu pour en faire la victime des pechez du
monde : *ego autem induebar cilicio : cilicium appellat carnis
noſtræ mortalitatem*, dit S. Auguſtin : & il porta ce cilice, non un jour ſeulement, mais il le prit comme ſon
vêtement ordinaire : *& poſui veſtimentum meum cilicium.*
Que s'il ouvrit une fois la bouche à l'impieté, il l'ouvrit ſept fois le jour le reſte de ſa vie aux loüanges des
miſericordes du Seigneur : *ſepties in die laudem dixi tibi.*
S'il ſe laiſſa aller à des mouvemens de cruauté, il re-
prit tellement ſa premiere douceur, qu'il voulut bien
que pour exciter le Seigneur même à la douceur on
le fit reſſouvenir de celle de ſon ſerviteur David , &
qu'on la luy repreſentât pour attirer la ſienne : *me-
mento Domine David, & omnis manſuetudinis ejus.* S'il ſe
cacha pour commettre le crime , il déſira qu'on en
écrivît l'hiſtoire avec des traits ineffaçables, afin que
la poſterité n'en perdît jamais le ſouvenir , & qu'on
ne ceſſàt point de faire éclater l'ineffable bonté de celui
qui le lui avoit remis : il ordonna que ce peché &
ce pardon fuſſent également annoncez aux pecheurs
dans tous les ſiecles futurs, afin d'animer leur eſperance : *ſcrbantur hæc in generatione altera, & populus qui
creabitur laudabit Dominum :* & il ſe promit de rendre
immortelle la memoire de l'un & de l'autre : *miſeri-
cordias Domini in æternum cantabo.* S'il ſe laiſſa aller à une
joye vaine & paſſagere, il ſe condamna à ne jamais
goûter de plaiſir ſur la terre, & à concevoir une triſteſſe qui ne finit qu'avec ſa vie, *tota die contriſtatus in-
grediebar*, car, comme ſaint Auguſtin l'interprete : *tota
die, id eſt ſine intermiſſione, tota vita uſque ad mortem.* Et

parce que tout homme n'eſt qu'un compoſé de corps
& d'ame, il proteſta que juſqu'à la mort il affligeroit
ſon eſprit par la triſteſſe, & ſa chair par la douleur :
quoniam anima mea impleta eſt illuſionibus, & non eſt ſanitas
in carne mea : en effet, ainſi que raiſonne le même Pere :
totus homo anima & caro : anima completa eſt illuſionibus,
caro ſanitatem non habet : quid remanet unde ſit lætitia ? Plein
des mouvemens d'une contrition ſi animée, il ſe ſent
tranſporté par l'eſprit de Prophetie, il voit dans ſa chûte, la chûte du peuple Juif, dans ſa converſion la converſion du peuple Gentil, & du milieu des cendres de
la Synagogue, il voit s'élever les murs d'une nouvelle
Jeruſalem, qui n'offrira à Dieu qu'un ſang pur, & des
ſacrifices ſpirituels. Ainſi la penitence que David a faite pour ſon peché, a merité de devenir la figure de la
penitence que Jeſus-Chriſt devoit faire pour les pechez
de tous les hommes : & ſa reconciliation avec Dieu,
une image de la converſion des Gentils au Seigneur.
O merveille ! la penitence change toutes choſes, le
peché de David eſt devenu un myſtere : *peccatum in*
hiſtoria, myſterium in figura, dit ſaint Ambroiſe : David
eſt Jeſus-Chriſt : la belle Bethzabée eſt l'Egliſe toute
brillante de gloire, qui n'a ni tache ni ride, parce
qu'elle a été lavée dans le ſang de ſon époux, & éten-
duë en ſon corps ſur la croix, dit S. Auguſtin : *mun-*
datur u non habeat maculam ; extenditur, ut non habeat rugam.
Ce bain dans lequel elle ſe lave, eſt l'eau du Baptême
qui la purifie & qui la rend agréable aux yeux du
grand Roy : Urie qui porte l'arreſt de ſa mort dans
une lettre cachetée ſans le ſçavoir, eſt le peuple Juif,
qui porte dans ſes écritures les propheties de ſa repro-

bition fans les entendre : le mariage de **David** avec
Bethzabée, qu'eſt-ce autre choſe que les nôces ſpiri-
tuelles de Jeſus-Chriſt avec l'Egliſe, de la Gentilité
miſe en la place de la Synagogue? le peché de David
n'eſt donc plus en quelque ſens un crime , *non fuit
improbitatis æſtus , ſed umbra myſterii*, dit S. Ambroiſe.
O merveille , encore une fois ! la penitence change
tout, elle détruit Ninive & la transforme en une Jeruſalem, elle change un pecheur en un penitent, elle
change un penitent en un Prophete, elle change un
crime en un myſtere, elle change Dieu même tout
immuable qu'il eſt, & d'un Juge ſevere, elle en fait
un pere miſericordieux. Haïſſons donc le peché de
David, mais ne rejettons pas ſa myſterieuſe ſignifi-
cation, & reverons tout dans la genéalogie de celui
qui devoit être le fils de David : *David autem Rex ge-
nuit Salomonem ex ea quæ fuit Uriæ.*

F I N.

May 1706.